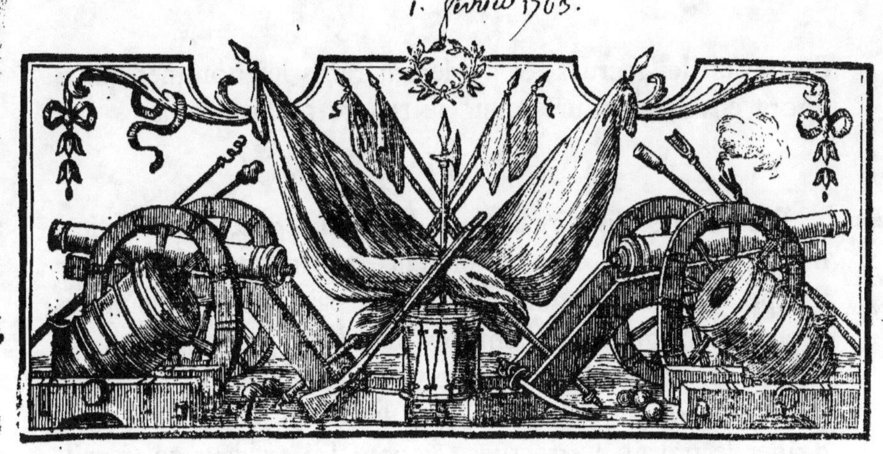

ORDONNANCE
DU ROI,

Concernant les Recrues & les Congés des Soldats des régimens d'Infanterie Allemande, Italienne & Irlandoise, qui sont au service de Sa Majesté.

Du 1.er Février 1763.

DE PAR LE ROI.

SA MAJESTÉ s'étant fait rendre compte de la manière dont les régimens de son Infanterie allemande, italienne & irlandoise, ont fait jusqu'à présent leurs recrues; & voulant donner à ce travail une forme plus propre à en assurer le succès, & en même temps plus utile à son service, Elle a ordonné & ordonne ce qui suit :

ARTICLE PREMIER.

IL sera établi à portée de la frontière, pour chacun des régimens Allemands, Italiens & Irlandois, un quartier ou dépôt particulier, d'où seront disposées toutes les branches

Quartier ou dépôt des recrues.

F 1

du travail des recrues, & où feront reçûs les hommes qui y feront envoyés, pour enfuite fe rendre à leurs corps.

I I.

POUR ne diftraire aucun des Officiers & Bas-officiers defdits régimens, dont la préfence eft indifpenfable à leur troupe, il fera entretenu pendant la paix, dans chacun des dépôts des régimens Allemands & Italien, un Capitaine ou un Lieutenant intelligent, fage, actif, capable de détail, d'une probité reconnue, & ayant tous les talens néceffaires pour diriger le travail des recrues; & pour l'aider dans ce travail, il y aura fous fes ordres deux Sergens & quatre Caporaux ou anciens Soldats également propres à faire des recrues.

I I I.

PENDANT la guerre il y aura dans chaque dépôt, deux Officiers, favoir, un Capitaine ou Lieutenant, avec un Sous-lieutenant, trois Sergens & fix Caporaux ou vieux Soldats.

I V.

LE régiment de Bouillon, & les cinq régimens Irlandois qui ne font compofés que d'un bataillon, auront pendant la paix, un Sous-lieutenant à leur dépôt, un Sergent & trois Caporaux ou anciens Soldats; & pendant la guerre, il y aura un Sous-lieutenant, deux Sergens & cinq Caporaux ou anciens Soldats.

V.

LES Officiers & Bas-officiers deftinés au travail des recrues, feront choifis par le Colonel, le Lieutenant-colonel & le Major de chaque régiment.

V I.

ILS fe préfenteront à leur arrivée, au Commandant de la place où chaque dépôt fera établi, & au Commiffaire des guerres qui fera chargé de la police des recrues, lequel établira leur logement, & fera les revûes defdits Officiers, Bas-officiers & des hommes de recrue, à mefure qu'ils arriveront.

3

V I I.

LE Capitaine ou le Lieutenant chargé en chef du travail des recrues, restera dans la place du dépôt, sans pouvoir s'en absenter qu'avec la permission du Commandant de ladite place, pour aller visiter, une fois par mois, les quartiers où il aura placé les Bas-officiers ou anciens Soldats, sur la conduite desquels il veillera avec la plus grande attention.

V I I I.

IL sera adressé aux Officiers chargés du travail des recrues, des instructions sur la manière dont les branches de ce travail devront être disposées, & le Commandant de chaque régiment ajoûtera à ces instructions ce qu'il croira pouvoir assurer de plus en plus le succès de ce travail.

I X.

SI les Bas-officiers ou anciens Soldats employés au travail des recrues, venoient à tomber dans quelque faute, l'Officier chargé du travail des recrues, les punira suivant l'exigence du cas, & il en rendra compte au Commandant de son régiment, qui verra s'il y a lieu de les rappeler, & d'en envoyer d'autres à leur place.

X.

L'INTENTION de Sa Majesté est que le travail des recrues de chacun des régimens d'Infanterie allemande, italienne & irlandoise, soit fait à l'avenir en commun pour chaque corps en général, & non par compagnie.

X I.

IL sera formé à cet effet une Masse générale des recrues de chaque compagnie, & le Trésorier du régiment réunira à cette Masse le sol affecté pour l'entretien particulier du Soldat, ainsi que la retenue fixée pour linge & chaussure des Bas-officiers & Soldats de chaque compagnie.

X I I.

IL y aura toûjours dans la caisse générale du régiment,

un état des fonds qui y feront remis relativement à cette partie de finance, & un état de ceux qui en feront retirés, avec les caufes de recette & de dépenfe: ces états feront fignés du Commandant du corps, du Major & du Tréforier; il en fera remis un double au Major, & il en fera envoyé un tous les mois au Secrétaire d'Etat ayant le département de la guerre.

X I I I.

Le bénéfice de la Maffe réfervé.

L'ARGENT de cette Maffe générale appartiendra à tout le corps en général, & non à chaque Capitaine en particulier.

L'excédant de la dépenfe ou le bénéfice de chaque année, fera fouftrait du fonds de l'année fuivante; & le bénéfice, s'il y en a, fera réfervé en Maffe particulière, dont on ne pourra difpofer en aucune manière, fans les ordres du Secrétaire d'État ayant le département de la guerre.

X I V.

L'excédant de la dépenfe à la charge de tous les Officiers, fi c'eft par négligence.

SI la dépenfe des recrues & de l'entretien particulier, par une négligence prouvée des Officiers, excédoit la Maffe qui y eft deftinée, l'excédant de la dépenfe fera retenu fur les appointemens de tous les Officiers du corps; Sa Majefté fe réfervant d'ordonner la punition qu'auroit encourue particulièrement le Commandant du corps.

X V.

Adminiftration de la Maffe.

SA MAJESTÉ voulant être inftruite de l'adminiftration de la Maffe des recrues & de l'entretien particulier du Soldat, Elle entend que le Major de chaque régiment en tienne un regiftre conforme au modèle qui lui fera adreffé, pour y porter, en préfence du Commiffaire des guerres, toutes les dépenfes qui feront relatives à ladite Maffe, lefquelles dépenfes feront expliquées en détail avec la date des jours qu'elles auront été faites.

X V I.

Regiftres tenus par le Commiffaire du corps &

IL fera formé un autre regiftre, dont le modèle fera également adreffé, lequel regiftre fera tenu double; l'un demeurera

5

au corps, & l'autre sera entre les mains du Commissaire des *par le Commis-*
guerres employé au dépôt des recrues : ce registre contiendra *saire employé au*
les noms & signalemens des hommes de recrue, ce qu'ils *dépôt.*
auront coûté de frais d'engagement & de route, les à-comptes
qui leur auront été payés, la durée de leur engagement, le
jour de leur arrivée au dépôt, & ce qui leur aura été fourni
de linge & de chaussure. Il ne sera rien inscrit sur celui de
ces registres qui doit rester au corps qu'en présence du Commissaire des guerres chargé de sa police.

X V I I.

TOUS ces registres seront paraphés par première & der- *Lesdits registres*
nière feuille, le Major & le Commissaire des guerres employé *paraphés.*
au corps, signeront au bas de chaque feuille des registres
qui seront tenus au régiment; & l'Officier chargé du travail
des recrues, signera avec le Commissaire employé au dépôt
au bas de chaque feuille du regiftre qui sera tenu au dépôt.

X V I I I.

IL sera fait mention sur le registre des recrues qui restera *Y sera fait men-*
au corps, de l'argent qui sera payé chaque année par le *tion de ce qui*
Trésorier pour les termes des engagemens, & la somme qui *sera payé pour les*
devra être employée chaque année à ce payement sera fixée *termes des enga-*
ci-après. *gemens.*

X I X.

LE même registre des recrues contiendra les rengagemens *Rengagemens.*
qui seront faits de tous les Bas-officiers & anciens Soldats, les
sommes qu'ils auront coûté, la durée du nouvel engagement,
& les termes de chaque payement.

X X.

IL sera envoyé à la fin de chaque mois au Secrétaire
d'État ayant le département de la guerre, par le Commissaire
chargé de la police de chaque régiment, & par le Commissaire employé au dépôt, des extraits des registres qu'ils sont
obligés de tenir.

F 3

XXI.

LE Tréforier de chaque régiment d'Infanterie allemande & italienne, fera paffer tous les mois, pendant la paix, au dépôt des recrues, une fomme de douze cents livres pour être employée au travail des recrues, & remife dans une caiffe qui fera dépofée chez le Commiffaire des guerres. Sa Majefté donnera fes ordres pour augmenter les fonds de cette caiffe particulière pendant la guerre.

XXII.

CETTE caiffe aura deux ferrures, dont les deux clefs feront entre les mains, l'une du Commiffaire des guerres, & l'autre de l'Officier chargé en chef du travail des recrues, de manière que ladite caiffe ne puiffe s'ouvrir qu'en préfence de ces deux perfonnes.

XXIII.

LE Tréforier du régiment de Bouillon, & les Tréforiers des régimens Irlandois, ne feront paffer, chaque mois au dépôt des recrues, que la fomme de fept cents livres par régiment, & la caiffe où elle fera remife fera dépofée chez le Commiffaire des guerres qui aura une de ces deux clefs, l'autre devant refter entre les mains de l'Officier chargé du travail des recrues.

XXIV.

IL y aura toûjours dans cette caiffe un état des fonds qui y feront mis, & un état de ceux qui en feront tirés, avec les caufes de recette & de dépenfe : ces états feront fignés par l'Officier chargé du travail des recrues, & par le Commiffaire employé au dépôt, lequel en enverra chaque mois un double au Secrétaire d'État ayant le département de la guerre, & au Commandant du régiment.

XXV.

IL fera prélevé tous les mois fur la caiffe du dépôt, favoir, cent cinquante livres pour le Capitaine, fi c'en eft un qui foit chargé en chef du travail des recrues ; cent livres pour le Lieutenant, foixante livres pour le Sous-lieutenant, trente

7

livres pour chaque Sergent, & vingt-deux livres dix sols pour chaque Caporal ou vieux Soldat.

XXVI.

Au moyen du traitement ci-dessus il ne sera alloué dans ses comptes, à l'Officier chargé des recrues, d'autres faux-frais que ceux de ports de lettres, papier, encre & plume.

Et les Bas-officiers ou anciens Soldats seront tenus de s'entretenir de linge & de chaussure.

XXVII.

LESDITS Officiers, Bas-officiers ou Soldats seront susceptibles des mêmes graces & du même avancement que ceux de leur régiment; & s'ils manquent à la subordination, ou s'ils venoient à prévariquer en d'autres points, Sa Majesté privera ces Officiers des avantages du traitement qui leur est fixé ci-dessus, & Elle les fera punir, ainsi que les Bas-officiers & Soldats, si le cas l'exige.

XXVIII.

IL sera remis dans la place où sera le dépôt de chaque régiment, quatre-vingts sarots de toile & un certain nombre de paires de souliers, dont la dépense & l'entretien seront pris sur la Masse des recrues.

XXIX.

IL ne sera admis dans les recrues que des hommes sains & robustes, bien conformés, & d'une volonté décidée pour le service, de la taille de cinq pieds deux pouces au moins pendant la paix, de l'âge de dix-sept ans accomplis jusqu'à quarante; & pendant la guerre, de la taille de cinq pieds un pouce au moins, depuis l'âge de dix-huit ans jusqu'à quarante-cinq ans: bien entendu que ceux de ce dernier âge aient précédemment servi dans les Troupes au moins pendant six ans, & soient encore en état de reprendre le service.

XXX.

LES gens suspects, soupçonnés de crimes, poursuivis ou flétris par la Justice, ne seront point admis, étant indignes de la profession des armes.

X X X I.

Temps du service.

LE temps ordinaire des engagemens fera de huit ans, à l'expiration defquels Sa Majefté fera délivrer exactement les congés abfolus, même pendant la guerre; permettant que dans le cas où un homme auroit des raifons particulières qui l'empêcheroient de contracter un engagement de huit ans, il puiffe s'engager pour quatre, & non pour un moindre nombre d'années : ceux qui pendant le temps de leur fervice feront parvenus à des places de Bas-officiers, ne feront point obligés pour cela de fervir au delà du terme de leur engagement, ainfi qu'il a été déclaré dans les ordonnances de Sa Majefté.

X X X I I.

Modèles & certificats d'engagemens.

IL fera envoyé aux dépôts, des modèles d'engagement uniforme pour tous les régimens d'Infanterie allemande, italienne & irlandoife, fur lefquels feront marqués le prix, la durée, les conditions de l'engagement, & le fignalement de l'Enrôlé, lequel, s'il ne fait point écrire, fera fa marque, en préfence de deux témoins. Il lui fera expédié au dépôt un billet de fervice du temps auquel fon congé abfolu devra lui être donné, & il fera marqué fur ce billet, quel doit être le prix de l'engagement, les époques du payement, ainfi que l'argent ou les effets qui auront été donnés à compte.

X X X I I I.

Prix de l'engagement de huit ans.

LE prix d'un engagement de huit ans, fera de quatre-vingt-quatorze livres ; favoir, fix livres pour la première année, huit livres pour la feconde, dix livres pour la troifième, douze livres pour la quatrième, treize livres pour la cinquième, quatorze livres pour la fixième, quinze livres pour la feptième, & feize livres pour la huitième.

X X X I V.

De quatre ans.

LE prix d'un engagement de quatre ans, fera de trente-fix livres ; favoir, fix livres pour la première année, huit livres pour la feconde, dix livres pour la troifième, & douze livres pour la quatrième.

9
X X X V.

TOUT Bas-officier & Soldat qui, après avoir rempli un premier engagement de quatre ans, voudra le renouveler dans le régiment où il se trouvera, obtiendra par chaque année du second engagement, le prix réglé pour les quatre dernières années d'un engagement de huit ans.

X X X V I.

CELUI qui, après avoir rempli un engagement de huit ans, ou deux engagemens de quatre ans dans le même régiment, voudra continuer d'y servir, recevra dix-sept livres pour chacune des neuvième, dixième, onzième & douzième années, & dix-huit livres pour chacune des treizième, quatorzième, quinzième & seizième années.

X X X V I I.

LE prix de l'embauchage, cabaret & cocardes des hommes de recrue, sera de dix livres pour les hommes de cinq pieds un pouce, lorsqu'il sera permis d'en recevoir en temps de guerre ; de douze livres pour ceux de cinq pieds deux pouces, de quinze livres pour cinq pieds trois pouces, & de vingt livres pour cinq pieds quatre pouces & au dessus : lesquelles sommes seront allouées aux Recruteurs, après que lesdits hommes auront été reçûs au dépôt.

X X X V I I I.

DÈS que les Enrôlés auront été admis au dépôt, ils recevront six livres à compte de leur engagement, s'ils ne les ont pas déjà reçûs, & le surplus leur sera payé successivement au régiment, année par année, comme il est expliqué ci-dessus.

X X X I X.

IL sera accordé douze sols par jour de marche à chacun des hommes de recrue, jusqu'au jour de leur arrivée au dépôt.

Solde des recrues en marche.

X L.

L'OFFICIER chargé en chef du travail des recrues, avant de recevoir les hommes qui lui seront présentés au

Visite des Soldats de recrue.

dépôt, les fera visiter, pour être assuré qu'ils n'ont aucune infirmité apparente ni secrette. Il examinera ensuite s'ils ont la taille & l'âge requis, s'ils sont bien conformés, & s'ils ont toutes les qualités convenables.

X L I.

Frais à la charge des Recruteurs, si les recrues sont défectueuses.

TOUS les frais faits par les Recruteurs pour l'engagement desdits hommes, seront à leur charge si les hommes qu'ils auront enrôlés ne peuvent pas être admis au dépôt par infirmités ou par défaut des qualités requises pour le service.

X L I I.

Enregistrement des recrues au dépôt.

APRÈS cet examen, ledit Officier présentera au Commissaire les hommes qu'il aura jugé devoir être reçus, & qui seront inscrits sur le champ sur le registre du dépôt. Ledit Commissaire y fera mention de tous les renseignemens qui seront prescrits par la forme du registre.

X L I I I.

Solde.

LES hommes de recrue seront mis à la solde, du jour qu'ils auront été reçus au dépôt, & répartis provisoirement dans les compagnies du régiment, où ils seront nombrés sur l'avis qui sera donné à l'Officier chargé du travail des recrues par le Commandant du corps, qui lui indiquera les compagnies où il manquera des hommes.

X L I V.

LEUR subsistance sera payée par à-compte, & ils serviront au complet des compagnies; enjoignant Sa Majesté au Commissaire des guerres chargé de la police de ces recrues, d'envoyer régulièrement chaque mois l'extrait des revûes qu'il en aura faites, au Commissaire des guerres qui aura la police du régiment: ces recrues seront tenues de faire ordinaire, & sujettes à la même discipline que si elles étoient au corps.

X L V.

Recrues désertant du dépôt.

LES hommes qui déserteront du dépôt seront dénoncés sur le champ au Commissaire des guerres, qui les inscrira sur le registre des recrues, & qui certifiera la désertion dans

11

la colonne des observations; il en fera ufé de même à l'égard
de ceux qui mourront audit dépôt, en obfervant de joindre
au regiftre leur extrait mortuaire.

XLVI.

L'Officier chargé du dépôt rendra tous les dix jours
au Commandant du corps, le compte le plus exact de fon
travail, afin que lorfqu'il y aura trente ou quarante hommes
au dépôt, ledit Commandant les envoie prendre par un
Officier, un Sergent & un Caporal.

*Le Comman-
dant du corps
fera informé
du travail des
recrues.*

XLVII.

Il fera expédié des routes portant le fimple logement
pour les hommes qui feront conduits du dépôt au quartier
du régiment, & lefdits hommes recevront un fol par jour
d'augmentation de folde, qui fera pris fur le fonds de la Maffe
des recrues.

*Conduite des
recrues du dépôt
au régiment.*

XLVIII.

L'Officier conducteur des recrues, fera porteur de
l'état de leurs fignalemens, figné par le Commiffaire des
guerres du dépôt & par le Commandant de la place; & cet
état fera infcrit fur le regiftre des recrues qui doit refter au
corps, immédiatement après l'arrivée de chaque tranfport
de recrues; il y fera fait mention des hommes qui feront
reftés aux hôpitaux de la route, ou qui auront déferté en
marche, ou qui auront été réformés par le Commandant du
corps: l'intention de Sa Majefté étant en même temps que
ledit Officier conducteur en informe chaque jour le Commiffaire des guerres du dépôt, qui fera tenu d'en faire note
fur le regiftre dudit dépôt, afin que les deux regiftres foient
toûjours conformes.

*L'Officier
conducteur por-
teur de leurs
fignalemens.*

XLIX.

Lesdits hommes feront préfentés, à leur arrivée, au
Commandant du régiment, qui examinera s'ils font les mêmes
que ceux portés fur l'état de fignalement qui lui aura été
remis, les fera vifiter, & examinera, en préfence du Major

*Lefdits hommes
préfentés au
Commandant
du régiment.*

& du Commiſſaire des guerres, s'ils ont toutes les qualités néceſſaires pour être reçûs.

L.

CEUX des hommes de recrue qui, par défaut des qualités requiſes, ne pourront pas être reçûs au régiment, feront réformés, & il leur ſera expédié des congés abſolus pour ſe retirer où bon leur ſemblera ; leſquels congés ſeront ſignés par le Commandant, le Major & le Commiſſaire des guerres, qui enverra au Secrétaire d'État ayant le département de la guerre, l'état de ſignalement des hommes réformés.

L I.

LES frais que ces hommes défectueux & réformés auront coûté, ſeront retenus ſur les appointemens de l'Officier chargé en chef du travail des recrues, qui aura négligé d'en faire l'examen néceſſaire.

L I I.

LORSQUE le Commandant du corps aura jugé que leſdits hommes devront être reçûs, il leur fera prêter ſerment à la tête du régiment en bataille, ſur les drapeaux qui ſeront réunis à cet effet, & leſdits hommes de recrue jureront *qu'ils ſeront fideles à Sa Majeſté ; qu'ils obéiront à leurs Officiers & Bas-officiers en tout ce qu'ils leur ordonneront pour le ſervice ; qu'ils n'abandonneront jamais leur poſte pour quelque danger que ce puiſſe être ; qu'ils ne quitteront pas leur rang pendant la marche, pendant le combat, ni en toute autre occaſion, pour s'écarter ou pour piller ; enfin qu'ils ne déſerteront point.*

L I I I.

LE Major les diſtribuera enſuite dans les eſcouades des différentes compagnies pour leſquelles ils auront été déſignés, & portera ſur le contrôle du régiment les noms & ſignalement deſdits hommes, & tous les renſeignemens qui les concerneront.

L I V.

LORSQU'IL ſera envoyé au dépôt un nouveau détachement d'Officiers & de Bas-officiers pour y chercher des

1 3

recrues, ils feront chargés de faire reporter les farots de
toile dont étoient vêtus les hommes de recrue du tranfport
précédent; & il leur fera fourni à cet effet, une voiture *gratis*
attelée d'un cheval.

L V.

SA MAJESTÉ voulant que le travail des recrues en
commun ne difpenfe pas les Capitaines & autres Officiers
d'en faire par eux-mêmes, fon intention eft que les hommes
qu'ils préfenteront, leur foient payés, fur l'ordre du Commandant du corps, des fonds de la Maffe des recrues, fur le
pied qui a été réglé par l'article XXXVII; & qu'en outre il
leur foit payé une gratification de douze livres pour chaque
ancien Bas-officier ou Soldat qu'ils rengageront par eux-
mêmes pour quatre ans, & de vingt-quatre livres pour ceux
qu'ils rengageront pour huit ans; laquelle gratification leur
fera payée d'année en année fur le fonds des recrues, à raifon
de trois livres par an, à mefure que l'homme rengagé aura
rempli une année de fon nouvel engagement.

Les Officiers affujétis à faire des recrues.

L V I.

SI pendant la dernière année de la durée de fon engagement, un Bas-officier ou Soldat defire d'en contracter un
nouveau, il pourra s'adreffer de lui-même au Major, qui le
rengagera, & ledit Soldat rengagé jouira lui-même de la
gratification accordée aux Officiers par l'article précédent de
la préfente ordonnance, & recevra pour prix de fon renga-
gement, les fommes énoncées par les articles XXXIII,
XXXV & XXXVI.

Gratification aux Soldats qui fe rengageront.

L V I I.

LES Officiers qui auront obtenu des congés pour aller
dans leur pays, & n'amèneront point d'hommes de recrue,
fupporteront une retenue de quatre-vingt-dix livres fur leurs
appointemens, laquelle fomme fera mife en augmentation
de la Maffe des recrues.

Retenue à faire aux Officiers qui n'amèneront point de recrues.

L V I I I.

LE Major de chaque régiment fera tenu de préfenter à

14

chaque revûe d'inſpection, un état détaillé, conformément aux regiſtres, tant des hommes de recrue que des Bas-officiers & anciens Soldats qui ſe feront rengagés, pour faire connoître au vrai la dépenſe de l'année.

L I X.

LE Major préſentera à chaque revûe d'inſpection, un état conforme aux deux regiſtres, tant des hommes de recrue que des anciens Bas-officiers & Soldats qui ſe feront rengagés, & de ce qu'ils auront coûté, pour juſtifier la dépenſe de l'année, & connoître ſi elle excède la recette ou s'il y a du bénéfice ; il préſentera de même un état conforme au regiſtre de l'entretien particulier du Soldat.

L X.

VEUT Sa Majeſté que conformément à ce qu'Elle a réglé pour les Troupes françoiſes, il ne ſoit accordé dans les régimens d'Infanterie allemande, italienne & irlandoiſe, aucune permiſſion aux Bas-officiers ni Soldats, de s'abſenter depuis le 15 avril juſqu'au 15 octobre ; permettant que pendant l'hiver il ſoit accordé des congés limités à un Sergent par compagnie, & à deux hommes par eſcouade, pendant la paix : ſe réſervant Sa Majeſté de fixer le nombre deſdits congés pendant la guerre.

L X I.

CES congés limités ſeront approuvés par l'Officier général qui aura le régiment à ſes ordres, & ils ſeront viſés par le Commiſſaire des guerres, qui en tiendra un regiſtre particulier, où il portera le terme deſdits congés, le jour qu'ils auront été expédiés, & en enverra l'état chaque mois au Secrétaire d'État ayant le département de la guerre.

L X I I.

ENTEND Sa Majeſté que les congés ci-deſſus ne ſoient accordés à aucun Sergent, Fourrier, Caporal, Appointé, Grenadier, Fuſilier & Tambour, qu'aux conditions d'amener au moins un homme de recrue à leur retour ; & que s'ils y manquent, la moitié de la folde dont ils devront jouir pendant leur abfence, leur foit retenue, pour être mife en augmentation de la Maffe des recrues. Les hommes de recrue qu'ils amèneront, leur feront payés fur le pied réglé par l'article XXXVII.

L X I I I.

Si quelque Bas-officier ou Soldat, qui aura obtenu un congé limité, ne rejoint le corps qu'un mois après l'expiration dudit congé, il fera privé de la moitié de fa folde, à moins qu'il n'amène avec lui au moins deux hommes de recrue; & cette moitié de folde fera réunie à la Maffe des recrues.

L X I V.

La folde entière de ceux qui ne rejoindront point le corps, par mort ou par défertion, fera jointe à la Maffe des recrues, aucun Capitaine n'ayant rien à prétendre à cette folde.

L X V.

A mefure que les Bas-officiers & Soldats, qui auront obtenu *Retour des* des congés, rejoindront le régiment, le Commiffaire des *congés limités.* guerres qui en aura la police, fera mention fur fon regiftre, du jour de leur retour, & de la folde qui devra leur être payée ou retenue pour le temps de leur abfence.

L X V I.

Il fera expédié des congés abfolus à la revûe d'infpection, *Congés abfolus* qui fe fera chaque année dans le mois de Septembre, à ceux des Soldats dont le terme de l'engagement fera expiré, à moins qu'ils ne redoivent à la Maffe du régiment, auquel cas ils feront tenus de payer ce qu'ils devront avant d'obtenir leurs congés.

L X V I I.

Ces congés abfolus feront expédiés dans la forme ordinaire, approuvés par l'Officier général qui fera la revûe d'infpection, vifés par le Commiffaire des guerres qui vérifiera si le terme de l'engagement est expiré, formera un registre de ces congés, & en enverra, dans les premiers jours d'Octobre, un extrait au Secrétaire d'État ayant le département de la guerre.

L X V I I I.

Décompte aux dits congés absolus.

IL sera fait le décompte à chacun des Bas-officiers & Soldats, qui obtiendront des congés absolus, de tout ce qui leur sera dû de solde jusqu'au jour de leur départ; & leur habillement leur sera laissé, ainsi que le chapeau & l'havre-sac.

L X I X.

Congé absolu en fournissant deux hommes.

SI pendant la durée de l'engagement d'un Bas-officier ou Soldat, il lui survenoit des affaires qui exigeassent sa présence dans sa famille, Sa Majesté veut bien qu'il lui soit accordé un congé absolu, à condition qu'il présentera à sa place deux hommes à ses frais, de la même taille que lui, & également propres au service; bien entendu que son congé absolu ne sera expédié qu'après que les deux hommes qu'il devra mettre à sa place auront été reçus par le Commandant du corps.

L X X.

Défense de donner aucun congé absolu.

DÉFEND Sa Majesté à tout Capitaine & autre Officier, sous peine d'être cassé, de donner aucun congé absolu à aucun Bas-officier ou Soldat, sans observer ce qui est prescrit par l'article précédent : défend aussi Sa Majesté, sous la même peine, au Commandant du corps & au Major de le permettre.

L X X I.

ORDONNE Sa Majesté au Prevôt & autres Officiers de Maréchaussée, d'arrêter tout Bas-officier ou Soldat porteurs de congés absolus qui ne seront pas approuvés par ledit Officier général, & visés par le Commissaire des guerres; & tout Bas-officier & Soldat porteurs de congés limités qui ne seront pas dans la forme prescrite, & d'en informer sur le champ le Secrétaire d'État ayant le département de la

17

guerre; qui prendra les ordres de Sa Majefté pour faire annuller lefdits congés, & faire punir les Officiers qui les auront donnés.

LXXII.

To u t Bas-Officier & Soldat qui obtiendra un congé abfolu après avoir fervi feize années dans le même régiment, jouira dans le lieu où il s'établira, de la moitié de fa folde, & il recevra tous les huit ans un habit de l'uniforme du régiment dans lequel il aura fervi; bien entendu qu'il ne fervira aucune Puiffance étrangère.

LXXIII.

Ce l u i qui aura fervi pendant vingt-quatre ans dans le même régiment, & s'établira après avoir obtenu fon congé abfolu, dans une des provinces du royaume, continuera de jouir de fa folde entière, & il lui fera délivré tous les fix ans, un habit de f'uniforme du régiment dans lequel il aura fervi; à moins que profeffant la religion Catholique, Apoftolique & Romaine, il ne préfère d'être admis à l'Hôtel des Invalides. Jouiront auffi de la même option ceux qui ayant été eftropiés en portant les armes pour le fervice de Sa Majefté, mériteront d'être reçûs à l'Hôtel des Invalides.

LXXIV.

Sa Majesté voulant donner de plus en plus des marques de fes bontés aux Bas-officiers & Soldats des régimens de fon Infanterie allemande, italienne & irlandoife, qui s'attacheront véritablement & conftamment à fon fervice, Elle fera donner pendant la guerre, & pendant le temps feulement qu'ils ferviront en campagne, un fol par jour & une ration de pain à leurs femmes, lefquelles feront tenues de demeurer au dépôt des recrues du régiment, & cefferont de recevoir ce traitement fi elles quittent ledit dépôt, ou lorfque leurs maris ne feront plus dans le régiment.

LXXV.

Sa Majesté entend au furplus que dans les places où

il n'y aura point de Commiffaires des guerres, le Major de la place en rempliffe les fonctions dans tout ce qui vient d'être prefcrit relativement aux recrues.

MANDE & ordonne Sa Majefté aux Officiers généraux ayant commandement fur fes troupes, aux Gouverneurs & Lieutenans généraux dans fes provinces, aux Gouverneurs & Commandans de fes villes & places, aux Intendans dans fes provinces & fur fes frontières, aux Commiffaires des guerres & à tous autres fes Officiers qu'il appartiendra, de tenir la main à l'exécution de la préfente ordonnance. FAIT à Verfailles le premier février mil fept cent foixante-trois. *Signé* LOUIS. *Et plus bas,* LE DUC DE CHOISEUL.

A PARIS,
DE L'IMPRIMERIE ROYALE.

M. DCCLXIII.